Cinzia Medaglia   Acl

LibertA

Redazione: Simona Gavelli, Donatella Sartor
Progetto grafico e direzione artistica: Nadia Maestri
Grafica al computer: Maura Santini
Illustrazioni: Alfredo Belli
   colorate da: Veronica Paganin

© 2003 Cideb Editrice, Genova

Tutti i diritti riservati. È vietata la riproduzione, anche parziale, con qualsiasi mezzo effettuata, anche ad uso interno o didattico, non autorizzata.

Saremo lieti di ricevere i vostri commenti, eventuali suggerimenti e di fornirvi ulteriori informazioni che riguardano le nostre pubblicazioni:
redazione@cideb.it
Le soluzioni degli esercizi sono disponibili nel sito www.cideb.it
area studenti / download

ISBN 978-88-530-0083-5 Libro
ISBN 978-88-530-0084-2 Libro + CD

Stampato in Italia da Litoprint, Genova

Indice

CAPITOLO 1

UNA BELLA STORIA   5
ATTIVITÀ   11

CAPITOLO 2

BRUNO   17
ATTIVITÀ   23

CAPITOLO 3

IL CORPO   27
ATTIVITÀ   33

| CAPITOLO 4 | **CINQUE ANNI DOPO** | 40 |
| | ATTIVITÀ | 45 |

| CAPITOLO 5 | **LA LIBERTÀ** | 51 |
| | ATTIVITÀ | 58 |

■ SOLUZIONI DEI GIOCHI 64

Testo integralmente registrato.

 Questo simbolo indica le attività di ascolto.

CELI 2 Questo simbolo indica gli esercizi in stile CELI 2 (Certificato di conoscenza della Lingua italiana), livello B1.

CAPITOLO 1

Una bella storia

Mi chiamo Fabrizio e sono ciò che molti definirebbero "un uomo di successo". Ho fatto carriera, sono dirigente [1] in una grande società, ho una bella moglie e tre figli che amo. Purtroppo li vedo poco: al sabato e alla domenica e quando torno a casa dopo una giornata di lavoro. Così anche se sono molto stanco, quasi ogni sera mi fa piacere passare con loro un'oretta. Mi aspettano tutti e tre nella loro camera.

I miei figli hanno sette, dieci e dodici anni. I primi due sono maschi e la più grande è una bella e dolce ragazzina di dodici anni: Elisa. Dopo le nove in casa nostra è "vietato" guardare la televisione, così è ormai diventata tradizione [2]

---

1. **dirigente** : chi svolge mansioni direttive in un'azienda, manager.
2. **tradizione** : (qui) abitudine, cosa che si fa regolarmente.

Libertà

che racconti loro una storia. Il protagonista [1] delle mie storie si chiama Pipino ed è un bambino come loro.

Elisa è già grande per le storie, ma le piace lo stesso stare seduta con i suoi fratelli ad ascoltarmi.

Sto per cominciare una nuova avventura di Pipino, quando Elisa mi chiede:

"Papà, dov'è lo zio Bruno? Perché non viene più a trovarci?"

Io rimango stupito [2] dalla memoria di mia figlia. È tanto tempo che non vede Bruno, eppure [3] lo ricorda ancora.

"È una storia lunga, Elisa..." rispondo.

Lei insiste:

"Raccontala!"

Marco e Davide mi guardano in attesa. [4] Non ricordano Bruno, ma forse vogliono sentire anche loro qualcosa di nuovo.

"Va bene, ve la racconto, ma forse la troverete noiosa!"

So che ai bambini non piacciono le storie vere perché pensano che la realtà sia noiosa e forse hanno ragione. Ma gliela racconterò lo stesso.

"C'era una volta un uomo. Il suo nome era Bruno.

---

1. **protagonista** : personaggio principale.
2. **stupito** : molto sorpreso.
3. **eppure** : comunque, ciononostante.
4. **in attesa** : aspettando.

Libertà

Abbiamo frequentato insieme l'università a Pisa. L'Università Normale è solo per gente speciale..."

"Lo sappiamo papà, ce l'hai detto cento volte. Vai avanti..." dicono in coro. [1]

"Allora... studiavamo insieme matematica all'università. Poi lui è andato in America e ha frequentato dei corsi là. Era un ragazzo molto intelligente Bruno. Quando è tornato, io lavoravo già nella società in cui lavoro adesso. Lui ha cominciato a lavorare in una multinazionale americana. [2] I nostri uffici erano vicini e ci vedevamo spesso. Andavamo sempre a pranzo insieme. Per dieci anni ci siamo visti quasi ogni mezzogiorno e, quando uno dei due non poteva, avvertiva l'altro."

"Lo zio Bruno era sposato, vero?" chiede Elisa.

"Sì, era simpatico e intelligente e piaceva a tante donne. Infatti aveva sposato una donna molto bella, più giovane di lui e anche ricca."

"Ma anche lui era ricco."

"Certo. A 38 anni era già un alto dirigente."

"Anche tu sei un dirigente..." dice Marco.

"Sì, ma lui aveva qualcosa più di me... nel lavoro intendo. Era forse più deciso, più sicuro di sé... Sì, ecco Bruno è sempre stato molto sicuro di sé e di ciò che voleva..."

---

1. **in coro** : tutti insieme.
2. **multinazionale americana** : società americana con sedi e fabbriche all'estero.

Una bella storia

"E tu no?" chiede il più piccolo con aria delusa.

Mia moglie Veronica mi ha detto diverse volte che i miei figli "mi mettono su un piedistallo", [1] ma a me questo non piace. Non voglio che si illudano [2] troppo sul loro padre. Comunque non rispondo perché Elisa, a cui sembrano già interessare le vicende coniugali [3] e amorose, mi chiede:

"Tu conoscevi la moglie?"

"Sì, una volta è venuto con lei a cena qui. Li avete visti anche voi."

"Quella che alla mamma non piaceva? La bionda scema? [4] Luana?"

"Sì, proprio quella..." rispondo io.

"Di cosa parlavate tu e Bruno quando vi vedevate?" chiede Elisa.

"Un po' di tutto. Come ho detto, Bruno era ambizioso, [5] pensava molto al lavoro. Ma aveva anche tanti interessi. Soprattutto negli ultimi mesi parlava meno di affari [6] e più di altre cose: di arte, di letteratura. Leggeva molto: non più solo giornali e riviste di economia, ma anche romanzi e poesie."

1. **mettere sul piedistallo** : considerare superiore.
2. **illudersi** : immaginare qualcuno o qualcosa diverso da ciò che è.
3. **vicende coniugali** : storie di coppie e di matrimoni.
4. **scema** : molto stupida.
5. **essere ambizioso** : volere ottenere qualcosa, per es. fare carriera.
6. **affari** : (qui) cose legate al lavoro.

Libertà

"Anche tu leggi molto, vero papà? Ci sono un milione di libri a casa nostra!" interrompe Marco.

"Sì, anch'io leggo molto... Allora... Stavo dicendo. Ah sì... io e Bruno dopo pranzo andavamo spesso a Santa Maria Novella a guardare gli affreschi [1] o ai Giardini di Boboli. Lui sapeva tutto della storia dell'arte. Una volta, poco prima del fatto..."

"Quale fatto?" interrompe di nuovo Marco.

1. **affresco** : dipinto fatto direttamente sul muro.

ATTIVITÀ

Comprensione

1 Completa secondo il testo.

I miei figli .... che racconti loro delle storie quando torno a casa dal .... Il .... di queste storie si .... Pipino. Oggi però mi hanno .... dello zio Bruno, un mio amico. Ho cominciato a raccontare e spero che non trovino la storia ....

2 Rileggi il capitolo e indica se le seguenti affermazioni sono vere (V) o false (F).

	V	F
1. Fabrizio è "un uomo di successo".	☐	☐
2. Bruno non è sposato.	☐	☐
3. Bruno è un uomo intelligente.	☐	☐
4. Fabrizio e Bruno hanno frequentato la stessa università.	☐	☐
5. Fabrizio e Bruno studiavano farmacia.	☐	☐
6. Bruno ha sposato una donna bella, ma povera.	☐	☐
7. La moglie di Fabrizio è amica della moglie di Bruno.	☐	☐
8. Bruno è sempre stato molto ambizioso.	☐	☐
9. Bruno non ha bambini.	☐	☐

ATTIVITÀ

Documenti

Turismo

1 Firenze è famosa in tutto il mondo per le sue chiese, musei, palazzi e opere d'arte. Li riconosci? Associa ciascun luogo con le fotografie.

1. ☐ Il Battistero
2. ☐ Ponte Vecchio
3. ☐ Palazzo Pitti
4. ☐ Giardino di Boboli
5. ☐ Santa Maria Novella
6. ☐ l'Arno

a.

b.

c.

d.

e.

f.

La lettura

2 Quale libro è consigliabile per chi è appassionato di Storia dell'Arte?

1.	2.	3.
"Hollywood Boulevard" di Alberto Ongaro Protagonista del romanzo che coinvolge i divi più famosi, anzi tutta Hollywood, è un giovane italiano, Francesco. Un thriller che comincia con una sparatoria sul ritmo del tip tap di Fred Astaire o Ginger Rogers.	"L'uomo che restò solo sulla terra" di G. Gaylord Simpson È il 29 febbraio 2162. Uno scienziato, che fa esperimenti sul tempo, scompare improvvisamente dal laboratorio. In realtà è finito a milioni e milioni di anni di distanza: nell'era dei dinosauri. Una favola sul senso della vita.	"L'Italia attraverso 500 capolavori" di AA.VV. È una raccolta ampia e completa che riunisce 500 capolavori di 130 pittori di ogni tempo, da Cimabue a Guttuso, con esaurienti scritti sul secolo, sul pittore e sul dipinto scelto.

A Il libro indicato con il numero 1 ☐
B Il libro indicato con il numero 2 ☐
C Il libro indicato con il numero 3 ☐

ATTIVITÀ

Produzione scritta

CELI 2

1 Hai una collezione di libri italiani molto rara. Scrivi un annuncio su una rivista per avere altri pezzi per la tua collezione.

Nell'annuncio:
- descrivi brevemente la tua collezione
- spiega se preferisci comperare (e a quale prezzo) o scambiare i tuoi libri con altri
- indica come comunicare con te

(50 parole circa)

....
....
....
....
....

2 Come immagini Bruno e il narratore?

Nella tua descrizione annota:

età/colore dei capelli e degli occhi/altezza/corporatura

Esempio:

La moglie di Fabrizio è di media statura, snella, elegante, ha i capelli castani e gli occhi marroni.

....
....
....
....
....

CAPITOLO 2

Bruno

"Prima del fatto...", ripeto seccato [1] dall'interruzione, mi ha detto:
— Forse ho sbagliato tutto nella mia vita... forse dovevo studiare storia dell'arte o letteratura. Credo che questa vita, la mia vita non faccia per me. [2]

— Ma va' [3] — gli ho detto io — sei ricco, hai una moglie splendida, una casa da Rockefeller, [4] un lavoro soddisfacente, cosa vuoi di più? Lui non mi ha risposto e intanto guardava il campanile di Giotto sorridendo.

"Uffa, che noia..." dice Davide.

---

1. **seccato** : infastidito.
2. **fare per me** : essere adatto a me.
3. **ma va'** : espressione di stupore, di meraviglia.
4. **Rockefeller** : ricchissimo uomo americano.

LIBERTÀ

"Sì, che barba! ¹ Non capisco niente. Chi è Rockefeller?" aggiunge Marco.

"Aspettate, aspettate! Adesso arriva la parte più interessante: un giorno, circa due anni fa, Bruno non è venuto al solito appuntamento. Era un giorno di sole di maggio. Dovevamo andare ad un nuovo ristorante vicino a Palazzo Pitti. Io l'ho aspettato un quarto d'ora. Poi ho pensato:

— Forse ha avuto un impegno all'ultimo momento.

E sono andato da solo. Non gli ho telefonato in ufficio, perché avevo molto da fare e di sera mi sono dimenticato. Ma neppure ² il giorno dopo è venuto all'appuntamento. Allora gli ho telefonato in ufficio:

— Mi dispiace, il signor Veltri non è venuto in ufficio oggi, ha risposto la segretaria.

— È malato? ho chiesto io.

— Non lo so. La segretaria non era gentile come al solito. ³

— Cosa è successo? mi sono chiesto. Ho telefonato a casa sua quel giorno e il giorno successivo, ma non ha risposto nessuno.

Due sere dopo, finito di lavorare, sono andato a casa di Bruno.

---

1. **che barba!** : che noia!
2. **neppure** : neanche.
3. **come al solito** : come sempre.

Libertà

Abitava un po' fuori Firenze in una bellissima villa. Ho suonato. Non ha risposto nessuno. Ho suonato e risuonato. Finalmente è venuta ad aprirmi la domestica, la signora Rosa. Aveva un'espressione sconvolta.[1]

– C'è il signor Veltri? ho chiesto io.
– No, signore.
– Sa dov'è?
– No, signore. Il signor Veltri è scomparso.[2]
– Come scomparso?
– Tre giorni fa non è tornato a casa.

1. **un'espressione sconvolta** : l'espressione del viso molto turbata.
2. **scomparso** : (qualcosa/qualcuno) non si trova più.

Bruno

– Sua moglie?
– È al commissariato." [1]

"È morto?" chiedono Davide e Marco in coro. Sembra che si siano risvegliati improvvisamente.

"Lasciatemi continuare, bambini...! Sono tornato a casa. Ero molto preoccupato. Appena arrivato, la mamma mi dice:
– È venuta la polizia. Ti cercavano. Cosa è successo?"

"Che bello!"esclama Marco e poi aggiunge [2] "È venuta la polizia a casa nostra."

"Peccato [3] che non l'abbiamo vista!" dice Marco.

"Volevano arrestarti?" [4] chiede Elisa.

"No" rispondo io "che stupidata! Volevano solo delle informazioni. Sono andato subito al commissariato. Mi hanno chiesto:
– Quando ha visto per l'ultima volta il signor Veltri?
– Tre giorni fa, ho risposto.
– A che ora?
– A mezzogiorno.
– Le sembrava strano, preoccupato?
– No, veramente no.
– Sa che lei è l'ultima persona ad aver visto il signor Veltri?

---

1. **commissariato** : sede della polizia.
2. **aggiungere** : dire ancora.
3. **peccato** : purtroppo/mi dispiace.
4. **arrestare** : portare alla polizia e trattenere in cella.

Libertà

– Vuol dire che Bruno non è tornato in ufficio?
– No, la segretaria lo aspettava alle quindici, ma non si è fatto vedere. Da quel momento è scomparso."

"E poi?" chiedono i bambini.

"E poi niente..."

"È morto?"

"Non lo so, spero di no..."

"Ma è finita così?" chiede Davide.

"È una storia senza la fine" dice Marco.

"Come gli *X Files*" [1] aggiunge Davide "ma senza i mostri e gli UFO."

"...che storia brutta..." concludono i miei due bambini. "La prossima volta vogliamo la storia di Pipino."

"Va bene, domani vi racconto quella di *Pipino contro tutti*. Adesso andate a letto!"

Davide e Marco vanno a letto. Elisa rimane in piedi e mi guarda, poi mi dice:

"Papà, mi dispiace tanto per Bruno. Era così buono... Io gli volevo bene. Speriamo che non sia morto."

"Già, lo spero anch'io, Elisa."

"Papà... anch'io voglio diventare dirigente." dice Elisa con faccia seria.

Io sorrido e non dico niente.

---

1. **X Files**: serial televisivo di fantascienza di grande successo.

ATTIVITÀ

Comprensione

1 Rileggi il capitolo e indica se le seguenti affermazioni sono vere (V) o false (F).

	V	F
1. Bruno è un uomo di successo.	☐	☐
2. Non vorrebbe cambiare lavoro.	☐	☐
3. Conosce bene l'arte.	☐	☐
4. Bruno e il narratore vanno sempre a cena insieme.	☐	☐
5. Un giorno Bruno scompare.	☐	☐
6. Il narratore viene arrestato.	☐	☐
7. La polizia vuole delle informazioni.	☐	☐
8. Ai bambini è piaciuta la storia.	☐	☐

2 Ascolta le definizioni e completa con le parole che ritieni esatte. Si tratta di luoghi che appaiono nel 1° e nel 2° capitolo.

1. c.................................
2. u.................................
3. r.................................
4. l.................................
5. u.................................
6. c.................................
7. p.................................
8. c.................................

ATTIVITÀ

Grammatica

1 Volgi le seguenti frasi al presente secondo l'esempio.

Esempio: Abbiamo frequentato l'università. → *Frequentiamo l'università.*

1. Abbiamo studiato matematica. ....
2. È tornato in Italia. ....
3. Ha cominciato a lavorare. ....
4. L'ho visto spesso. ....
5. Ha sposato una bella donna. ....
6. È morto. ....
7. È sembrato preoccupato. ....
8. Sono andato a letto. ....
9. Avete risposto alla lettera. ....
10. Hanno chiesto il suo indirizzo. ....

Documenti

La televisione

1 I figli di Fabrizio non possono vedere la televisione dopo le nove, ma non viene spiegata la ragione. Perché secondo te? Lo trovi giusto?

Quali di queste trasmissioni sono:
film / varietà / telefilm / notizie / attualità / gioco / cultura / programma per ragazzi?

Rai Uno

Ora	Programma	Ora	Programma
6.45	Unomattina	13.30	Telegiornale
	All'interno TG1	14.05	Casa Rai Uno
7.30	Che tempo fa	16.15	La vita in diretta
10.45	Appuntamento al cinema	16.50	TG Parlamento
12.00	La prova del cuoco	18.45	L'eredità

La dirigente

2 Luisa, la figlia del narratore, vuole diventare dirigente. Ha possibilità una donna in Italia di diventare dirigente? Leggiamo insieme le seguenti statistiche e interviste.

I problemi restano se le donne non lavorano e se la differenza tra i due stipendi è molto forte. Ma non ci sono più così tante differenze all'interno della coppia. Le donne guadagnano come gli uomini se occupano le stesse posizioni. La questione è un'altra: sul lavoro le donne oggi ancora occupano posti di livello medio-basso.

"Rispetto all'800 quando le donne non potevano guadagnare denaro, ma per averlo dovevano sposarsi, la situazione è assai cambiata... tuttavia i grandi capitali sono ancora nelle mani degli uomini."

Laura Lepetit, direttrice della casa editrice La Tartaruga

"Io non ho avuto problemi a trovare lavoro anche se questo è un settore molto chiuso e un po' maschilista. Inoltre richiede molto impegno, quasi 12 ore al giorno in ufficio."

V.C. analista trentenne della Cimo

Uomini dirigenti il 90,7%.
Donne dirigenti il 9,3%.
Il 14,4% delle donne manager è fra i 30 e i 35 anni, il 21,2 % fra i 35 e i 40 anni.

ATTIVITÀ

Rispondi ora alle seguenti domande.
1. Cosa fa, secondo te, un'analista?
2. Lavora molto?
3. Ci sono ancora differenze tra lo stipendio degli uomini e quello delle donne?
4. I grandi capitali sono ancora nelle mani degli uomini?
5. Qual è il vero problema?

Il lavoro

3 Rispondi alle seguenti domande.

1. Vuoi frequentare l'università? Se sì, quale facoltà vorresti frequentare?
2. Se sei adulto, sei soddisfatto del tuo lavoro?
3. Quali sono per te i requisiti e le caratteristiche più importanti nel lavoro? Metti i seguenti aspetti in ordine di importanza:
   a. ☐ contatto con la gente
   b. ☐ tempo libero
   c. ☐ soldi
   d. ☐ successo
   e. ☐ lavoro interessante
4. Quale lavoro sognavi di fare quando eri bambino?
5. Quale lavoro vorresti fare adesso (se fossi libero di scegliere)?
   a. ☐ dottore
   b. ☐ ingegnere
   c. ☐ insegnante
   d. ☐ scrittore/scrittrice
   e. ☐ poliziotto/a
   f. ☐ attore/attrice

CAPITOLO 3

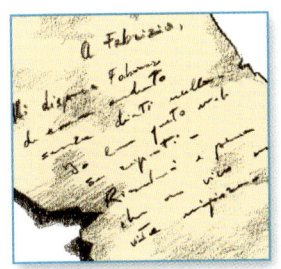

Il corpo

Sono passati otto mesi da quando ho raccontato la storia di Bruno ai bambini. Ho pensato spesso a lui. Per me è sempre stato un caro amico, il migliore amico che abbia mai avuto.

Non riesco ad accettare che possa essere morto. Non può essere morto! Diverse volte sono andato al commissariato per chiedere notizie, ma la risposta è sempre stata la stessa:

– Non ne sappiamo niente. Non vi sono tracce.[1]

Ho anche telefonato a sua moglie Luana, ma lei non era mai in casa e non mi ha ritelefonato. Dopotutto non ero un grande amico per lei; anch'io, come mia moglie, la consideravo un po' stupida e penso che lo abbia capito.

Finché un giorno... la polizia mi telefona in ufficio:

---

1. **tracce**: ciò che resta a testimoniare un fatto.

LIBERTÀ

"Può venire qui da noi, subito?" mi chiedono. Io vado. Mi dicono:

"Abbiamo trovato un corpo nell'Arno. Pensiamo che sia quello del suo amico Bruno. È irriconoscibile [1] ma forse può identificare alcuni effetti personali." [2]

Mi mostrano [3] un orologio e una scatola di metallo, un grosso portasigari.

"Sì, sono suoi" dico.

Il portasigari è chiuso. Lo aprono. E dentro c'è una lettera. "A Fabrizio."

Mi dispiace, Fabrizio, di essermene andato senza dirti nulla. Lascio questo mondo senza rimpianti. [4] *Ricordami e pensa che ora vivo una vita migliore.*

"Questa lettera non è completa [5] ... non c'è neppure la firma" dico io.

1. **irriconoscibile** : che non è possibile riconoscere.
2. **effetti personali** : cose che appartengono a una persona.
3. **mostrare** : far vedere.
4. **rimpianto** : ricordo nostalgico di ciò che si è perduto.
5. **completa** : finita.

Il corpo

"Già. Ma riconosce la scrittura del suo amico?"

"Sì, è senza dubbio la sua scrittura."

"Allora è chiaro che si tratta di un suicidio" [1] dice l'agente di polizia. Scoppio a piangere. Sono molto triste. Non riesco a crederci. Appena riesco a parlare chiedo: "Dunque non rivedrò più Bruno? Ma perché, perché?"

"Forse dovrebbe dircelo lei, lei era il suo migliore amico. E a lei ha scritto il biglietto."

"Sì... ha ragione, ma lui non mi ha mai detto niente..."

"Noi sappiamo che il signor Veltri aveva molti debiti [2] che non riusciva a pagare.

"Che tipo di debiti, per che cosa?"

"Il signor Veltri giocava al casinò [3] e perdeva."

"Non mi ha mai detto niente. A quanto so, lui ha sempre odiato [4] giocare. Non giocava neppure a carte quando eravamo all'università."

"Beh, gli uomini cambiano. Il suo amico giocava quasi ogni sera e doveva tanti soldi a dei malviventi." [5]

---

1. **suicidio** : atto di togliersi volontariamente la vita.
2. **avere molti debiti** : dovere dei soldi a altre persone.
3. **casinò** : casa da gioco.
4. **odiare** : disprezzare, detestare.
5. **malvivente** : delinquente, criminale.

LIBERTÀ

"Quanti soldi?"

"Più di 200 mila euro."

Bruno era dunque forse diverso da quello che credevo? Che uomo era? Giocava al casinò, aveva debiti con dei malviventi. Perché? Aveva così tanti soldi. Come me, aveva tutto quello che voleva. O forse no? Forse aveva tentato di dirmi, di comunicarmi qualcosa quando mi diceva "ho sbagliato tutto nella vita", "avrei dovuto diventare un intellettuale", o "beati [1] i poveri"! E io non lo avevo capito. Povero Bruno! Aveva cercato la mia comprensione e io, chiuso nel mio piccolo mondo, non mi ero neppure sforzato [2] di capire. Ma possibile che si fosse ucciso? Non potevo collegare [3] in nessun modo l'immagine [4] di Bruno, l'immagine che avevo io di un uomo sicuro, forte, risoluto, con l'idea del suicidio.

Al funerale [5] c'era tanta gente, per la maggior parte uomini d'affari e impiegati dell'ufficio dove lavorava Bruno. Ho visto la moglie, sempre bella. Era pallida, ma non sembrava disperata. Forse anche la sua vita coniugale non era delle più felici?

Ho avuto la conferma [6] di questo due giorni dopo. Ero

---

1. **beato** : felice.
2. **sforzarsi** : cercare.
3. **collegare** : mettere insieme.
4. **immagine** : (qui) ricordo, idea.
5. **funerale** : rito, cerimonia che si celebra quando muore qualcuno.
6. **conferma** : verifica.

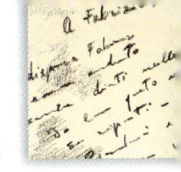

Il corpo

andato a casa di Bruno. Volevo riportare a sua moglie il portasigari che avevo io. Forse era solo un pretesto [1] per vederla. Avevo bisogno di parlare con qualcuno del mio amico. Fuori da casa sua ho visto una Porsche. All'ingresso la moglie di Bruno stava baciando un uomo. Non l'ho visto in faccia.

Perché Bruno non me lo aveva mai detto? Forse non lo sapeva? O quando lo aveva saputo, si era ucciso?

Per giorni dopo il funerale di Bruno ho pensato e ripensato. Mia moglie mi ha detto:

1. **pretesto** : scusa.

LIBERTÀ

"Non devi tormentarti! [1] Non è colpa tua. Perché non parli con la moglie?"
"Ha altro da fare" ho risposto con un tono amaro. [2]
"Vuoi dire che ha... già un amante?"
"Forse lo ha sempre avuto" ho risposto io.
"Parla lo stesso con lei. Deve pur dirti qualcosa..."

Ho dato ascolto a mia moglie e ho telefonato alla moglie di Bruno. Abbiamo preso appuntamento nel pomeriggio davanti agli Uffizi (dove un tempo mi incontravo spesso con Bruno). Non ha raccontato molto, ma quello che ha detto è molto importante.

"Bruno non mi amava più... da tempo. Anch'io non lo amavo più. Vivevamo insieme come due amici. Bruno non se n'è andato per me, ne sono sicura. So che era in crisi, in profonda crisi ma nient'altro. Sai... a me diceva poco. E io in effetti non lo capivo, non l'ho mai capito."

"Ma ti sembra possibile... che... che si sia ucciso?"
"No, ancora non ci credo. Bruno ha trovato sempre una soluzione a ogni cosa, a ogni problema nella sua vita. Ma tu... tu eri il suo migliore amico, tu dovresti sapere tutto, anche meglio di me..."

Come aveva detto la polizia, come aveva detto Luana, io ero il suo migliore amico e non sapevo niente, assolutamente niente.

---

1. **tormentarsi** : torturarsi, angosciarsi.
2. **tono amaro** : (fig.) deluso, triste.

ATTIVITÀ

Comprensione

1 Completa ciascuna affermazione scegliendo la giusta alternativa.

1. Bruno è
   - **a.** ☐ morto affogato.
   - **b.** ☐ stato ucciso da uomini con cui aveva debiti.
   - **c.** ☐ ancora vivo.

2. Nel portasigari c'è
   - **a.** ☐ del denaro.
   - **b.** ☐ una lettera con la firma di Bruno.
   - **c.** ☐ una lettera per il narratore.

3. Fabrizio
   - **a.** ☐ non sa che Bruno giocava.
   - **b.** ☐ sa che Bruno giocava.
   - **c.** ☐ dice che Bruno giocava all'università.

4. Fabrizio vuole parlare con la moglie di Bruno perché
   - **a.** ☐ pensa che lo abbia ucciso lei.
   - **b.** ☐ vorrebbe parlare dell'amico con lei.
   - **c.** ☐ pensa che la donna abbia un altro uomo.

5. La moglie dice che
   - **a.** ☐ amava tanto suo marito.
   - **b.** ☐ lui non la amava più.
   - **c.** ☐ lui aveva un'amante.

6. Fabrizio
   - **a.** ☐ sapeva tutto.
   - **b.** ☐ non sapeva niente.
   - **c.** ☐ sapeva che Luana aveva un amante.

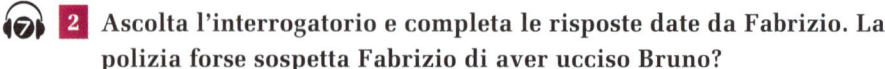

2 Ascolta l'interrogatorio e completa le risposte date da Fabrizio. La polizia forse sospetta Fabrizio di aver ucciso Bruno?

POLIZIOTTO. Da quanto tempo conosce Bruno?
F. ....
P. Da quanto esattamente?
F. ....
P. Lavoravate insieme?
F. ....
P. Vi vedevate spesso?
F. ....
P. Cosa facevate?
F. ....
P. Il suo amico non le ha mai raccontato niente dei suoi problemi?
F. ....
P. Ma com'è possibile?
F. ....
P. Forse il suo amico non... si fidava di lei?
F. ....
P. Litigavate spesso?
F. ....
P. Il suo amico Bruno è morto nella notte tra il 25 e il 26 maggio. Si ricorda dov'era in quella notte?
F. ....
P. È sicuro?
F. ....
P. Va bene. Può andare.
F. ....

Grammatica

1 Quale articolo determinativo precede i seguenti sostantivi?

Esempio: amico → l'amico

1. storia ....
2. ufficio ....
3. corpo ....
4. orologio ....
5. portasigari ....

6. agente ....
7. biglietto ....
8. immagine ....
9. moglie ....
10. vita ....

2 Volgi i sostantivi dell'esercizio precedente al plurale.

Esempio: l'amico → gli amici

1. ....
2. ....
3. ....
4. ....
5. ....

6. ....
7. ....
8. ....
9. ....
10. ....

CELI 2

3 Completa le seguenti frasi con gli aggettivi appropriati facendo il giusto accordo.

[brutto   intelligente   ricco   soddisfacente   pallido   triste
irriconoscibile   caro   migliore   chiuso   disperato   malato]

1. Bruno è un uomo .... Infatti ha frequentato l'Università Normale di Pisa.
2. Bruno e la moglie sono .... Lei di famiglia, lui perché guadagna molti soldi.

ATTIVITÀ

3. Forse Bruno non trova più il suo lavoro ....
4. Il narratore pensa che l'amico sia ....
5. Per Fabrizio è sempre stato un ....
   amico, anzi il suo .... amico.
6. Il portasigari è ....
7. Il corpo è ....
8. La moglie è ...., ma non sembra ....
9. Il narratore è molto .... per la morte dell'amico.
10. I bambini trovano la storia ....

Documenti

Il gioco

In Italia si giocano ufficialmente oltre 18 miliardi di euro, ovvero circa 35 mila miliardi di lire. E gli italiani detengono il più alto rapporto tra il reddito procapite e la cifra investita nel gioco.

Sono ben il 58% gli italiani che cedono alle lusinghe della dea bendata.

Tra i 25 e i 44 anni si gioca soprattutto per il miraggio di un facile guadagno; dopo i 64 anni, invece, per abitudine.

Dal punto di vista geografico, invece, la palma della vittoria per la maggior propensione al gioco spetta al centro (circa il 70 %), seguito dal sud (poco più del 60%).

In ultima posizione si colloca il nord, con una sola persona su due (53%).

Ogni italiano spende almeno 300 euro l'anno nei giochi pubblici.

ATTIVITÀ

1 Leggi il testo. Non tutte le affermazioni sono presenti. Indica con una ✗ se le affermazioni sono presenti o no nel testo.

I Casinò

In Italia, a differenza degli altri paesi europei ed extraeuropei, il gioco d'azzardo e la gestione organizzata di case da gioco sono vietati e puniti: dei quattro casinò presenti nel nostro paese, tre operano grazie a leggi speciali precedenti la seconda guerra mondiale (Venezia, Campione e Sanremo), mentre il quarto, quello di Saint Vincent, venne autorizzato nel Dopoguerra da un provvedimento della Regione Val d'Aosta.
Nonostante il divieto, sono più di 50 le città e i centri turistici che ambiscono ad aprire case da gioco sui loro territori e che da più di 50 anni attendono una legge per il gioco d'azzardo nel nostro paese.

	Sì	No
1. In Italia il gioco d'azzardo è vietato.	☐	☐
2. I Casinò rappresentano una fonte di ricchezza per i comuni o le regioni.	☐	☐
3. Sono più di 50 le città che vogliono aprire una casa da gioco.	☐	☐
4. Le navi da crociera superate le 12 miglia al largo possono trasformarsi in case da gioco.	☐	☐

Il gioco del lotto

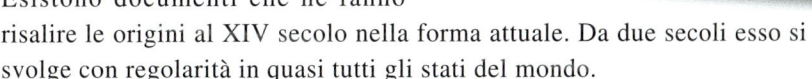

È uno dei giochi più popolari e diffusi fra quelli di massa.
Esistono documenti che ne fanno risalire le origini al XIV secolo nella forma attuale. Da due secoli esso si svolge con regolarità in quasi tutti gli stati del mondo.
Il gioco si basa sull'estrazione di 5 numeri tra i primi 90, effettuata su dieci ruote identificate con i nomi di dieci città: Bari, Cagliari, Firenze, Genova, Milano, Napoli, Palermo, Roma, Torino, Venezia.

ATTIVITÀ

Turismo

2 In Italia ci sono circa 100 000 chiese e 3 400 musei. Quali sono, secondo te, i musei più visitati d'Italia? Confronta quindi le tue opinioni con i dati reali di pag. 64.

☐ **b.** Firenze, gli Uffizi

☐ **a.** Musei Vaticani

☐ **c.** La Reggia di Caserta

☐ **d.** Pompei

☐ **e.** Il Foro romano

ATTIVITÀ

3 Cosa sai dell'Italia? Indica con una ✗ la risposta esatta.

1. Dove si trova Roma, la capitale?
   a. ☐ al centro
   b. ☐ al nord
   c. ☐ al sud

2. L'Italia non confina con:
   a. ☐ la Germania
   b. ☐ l'Austria
   c. ☐ l'Ex-Jugoslavia

3. Il fiume più lungo d'Italia è il:
   a. ☐ Brenta
   b. ☐ Ticino
   c. ☐ Po

4. Non si affaccia al mare la:
   a. ☐ Liguria
   b. ☐ Toscana
   c. ☐ Lombardia

5. I laghi più grandi si trovano al:
   a. ☐ nord
   b. ☐ sud
   c. ☐ centro

6. Il museo gli Uffizi si trova a:
   a. ☐ Milano
   b. ☐ Roma
   c. ☐ Firenze

7. La chiesa più grande d'Italia è:
   a. ☐ S. Marco a Venezia
   b. ☐ S. Pietro a Roma
   c. ☐ Santa Maria Novella a Firenze

8. L'isola più grande d'Italia è:
   a. ☐ la Sicilia
   b. ☐ la Sardegna
   c. ☐ l'isola d'Elba

9. Venezia sorge sulle acque di:
   a. ☐ un fiume
   b. ☐ un lago
   c. ☐ un mare

Quali sono la città più "alta" e il monte più alto d'Italia?

In quale regione si parla anche in tedesco? E in quale anche in francese?

CAPITOLO 4

Cinque anni dopo

Appena entro in casa, mi accorgo [1] che mia moglie è arrabbiata.
"Fabrizio… oggi sono venuta da te in ufficio."
"Perché?"
"Che giorno è oggi?"
"Oh, Dio… auguri, amore! È il nostro anniversario di matrimonio e io naturalmente l'ho dimenticato."

Lei è ancora arrabbiata.

"Volevo andare a pranzo con te in un bel posticino."
"Andiamo stasera a cena al ristorante… al *Vitello d'oro* che ti piace tanto" dico io per calmarla.

"Prima devi spiegarmi una cosa. La tua segretaria, che è proprio una brava persona e che mi è amica, mi ha detto che da quattro mesi a mezzogiorno, tu esci e torni alle tre. Non si

---

1. **accorgersi** : capire.

Cinque anni dopo

sa dove vai a mangiare. Non vai né al *Maialino* né al *Postaccio toscano*. Ecco tutti pensano che tu abbia... abbia una relazione!" [1]

"Macché relazione!"

"Allora, dove vai?"

"Va bene, te lo racconterò, ma tu devi giurarmi [2] che non lo dirai mai a nessuno."

"Va bene."

"Giuralo!"

"Ma non siamo bambini... Fabrizio..."

"Giuralo...!"

"Lo giuro, lo giuro..."

Comincio a raccontare:

"È successo quattro mesi fa. Era soltanto l'inizio di giugno, ma faceva caldo, come in agosto. Mi sono fermato a guardare il campanile di Giotto, come quel mezzogiorno di sette anni fa con il mio amico Bruno. A due passi da me c'era un barbone. [3] La barba era lunga, i vestiti stracciati e in mano aveva una bottiglia di vino.

Mi ha guardato. Gli occhi, quegli occhi!"

– Io lo conosco, mi sono detto.

– Mi scusi, mi scusi, signore... ho gridato. Il barbone non si è fermato. È corso via. Non doveva essere ubriaco perché

---

1. **relazione** : (qui) un'altra donna.
2. **giurare** : promettere solennemente.
3. **barbone** : persona che vive per le strade, che non ha una dimora.

LIBERTÀ

era veramente veloce. Ha girato in via Pontaccio, io gli sono andato dietro.

"Ma perché lo seguivi?" chiede mia moglie.

"Pensavo di conoscerlo. Comunque dopo qualche minuto è arrivato all'Arno e si è fermato.

– Cosa vuoi? mi chiede.

– Sei Bruno, sei tu vero? Riconosco la tua voce.

– Bruno? Chi è Bruno? Lasciami in pace! [1] E continua a camminare. Io corro. Gli arrivo vicino.

– Sì, sei tu, dico. Lui mi guarda e sorride."

"Era Bruno?"

"Sì, era lui."

"È vivo dunque?" chiede mia moglie.

"Sì, è vivo."

"Allora è lui che vedi ogni mezzogiorno?" Mia moglie è ancora dubbiosa.

"Sì, è lui."

"È incredibile..." aggiunge mia moglie, poi mi pone tante domande. Cosa fa, dove abita, perché se n'è andato in quel modo, di chi era il corpo ritrovato nell'Arno. Io rispondo a monosillabi. [2] Non voglio rivelare [3] i segreti di Bruno.

---

1. **lasciami in pace!** : vattene! / non seccare!
2. **rispondere a monosillabi** : dire soltanto poche parole.
3. **rivelare** : dire, svelare.

Libertà

Alla fine mi chiede:

"Verrà a trovarci Bruno un giorno?"

"No, non penso, Veronica. Bruno adesso è un barbone. Non vuole farsi riconoscere dalla gente."

Lei scuote la testa. Non capisce la scelta di Bruno. Non può capire. È troppo difficile, e in parte lo è anche per me.

ATTIVITÀ

Comprensione

1 **Completa ciascuna delle affermazioni o rispondi alle domande scegliendo la giusta alternativa.**

1. La moglie di Fabrizio è arrabbiata con lui perché
   a. si è dimenticato del loro anniversario.
   b. crede che abbia un'amante.
   c. lui non è mai in ufficio.

2. Lui le racconta
   a. delle bugie.
   b. la verità.
   c. una menzogna.

3. Chi le ha detto che lui "scompare" a mezzogiorno?
   a. La segretaria.
   b. I colleghi.
   c. Bruno stesso.

4. Fabrizio ha riconosciuto Bruno
   a. dalla barba.
   b. dalla voce.
   c. dagli occhi.

5. Bruno era
   a. un barbone.
   b. grasso.
   c. ubriaco.

6. Chi non capisce la scelta di Bruno?
   a. Nessuno.
   b. La moglie di Fabrizio.
   c. Fabrizio.

ATTIVITÀ

2 Ricordi i nomi dei mesi in italiano?
Ascolta attentamente la registrazione e completa le seguenti espressioni con i nomi dei mesi mancanti.

1. In ……………… fa sempre caldissimo e la maggior parte degli italiani va in vacanza.
2. In ……………… si festeggia Natale.
3. Generalmente in ……………… si festeggia la Pasqua.
4. In ……………… comincia la primavera.
5. In ……………… in Italia comincia la scuola.
6. ……………… è il mese delle rose.
7. In ……………… le giornate sono più lunghe.
8. ……………… è il mese più corto dell'anno.
9. ……………… è il mese più freddo dell'anno.

3 Ascolta la registrazione e completa le seguenti parole con una consonante semplice o doppia.

Esempio: me…..ogiorno → mezzogiorno

1. du…..iosa
2. se…..reti
3. a…..ivare
4. bo…..iglia
5. o…..hi
6. ve…..oce
7. mi…..uto
8. ra…..ontare
9. giu…..are
10. ne…..uno

Grammatica

L'imperativo

1 Coniuga i verbi tra parentesi all'imperativo, come nell'esempio.

Esempio: <u>Prometti</u> mi che non lo dirai a nessuno! (promettere)

2. .... con me al cinema! (venire)
3. .... ci in pace! (lasciare)
4. .... lo a cena questa sera! (invitare)
5. .... quell'uomo! (seguire)
6. .... il film questa sera! (guardare)
7. .... questa lettera! (scrivere)
8. .... del vino! (bere)

Competenze linguistiche

1 Ricostruisci le espressioni utilizzando i verbi qui sotto elencati.

[dimenticare   fare   avere
  essere   riconoscere   scuotere]

1. .... un appuntamento / dei soldi
2. .... una relazione / gli occhi neri
3. .... una voce / una persona
4. .... vivo / un barbone
5. .... domande / caldo
6. .... la testa / i nervi

ATTIVITÀ

Documenti

1 Tradimenti, tradimenti!
Veronica, la moglie di Fabrizio, crede che lui la tradisca.
Leggi questi tre stralci di lettere scritte da tre donne a una rivista.
Cosa puoi consigliare a ognuna di loro?

Ho 24 anni e sono fidanzata da cinque con un ragazzo che amo moltissimo. Tuttavia provo una forte attrazione fisica per il mio capo, un cinquantenne sposato. All'inizio lui mi aveva corteggiata, ma io non me ne ero neppure accorta. Lui poi ha trovato un'altra amante, ma credo che la storia sia ormai finita. Io vorrei avere una relazione con quest'uomo ma senza rompere con il mio fidanzato. Cosa devo fare? Soffocare l'interesse per il mio capo? O...

Sono sposata. Ho tre figli e una relazione con un ragazzo più giovane di me di 10 anni. Non ho mai amato veramente mio marito, ma il nostro rapporto è peggiorato da quando è iniziata questa relazione. Io lascerei subito mio marito, ma sono casalinga e il mio amante non ha abbastanza soldi per mantenere tutt'e due. Non riesco assolutamente a trovare un lavoro! Cosa fare?

Sono una moglie disperata. Ho 40 anni, due bambini e un marito che mi tradisce regolarmente. Ma io lo amo ancora anzi forse più di prima e voglio salvare il mio matrimonio. Posso fare qualcosa per fargli capire che la famiglia è un bene prezioso?

ATTIVITÀ

2 Forse Bruno e la moglie volevano avere una vita da Dinks? Se vuoi sapere chi sono i dinks, completa il seguente articolo con la parola opportuna fra le tre sotto elencate.

Dinks

Questa (**1**) .... viene dall'inglese "double income no kids", doppio stipendio niente bambini; in Italia sono considerati i nuovi edonisti (nuovi egoisti?) della vita a due. Sono (**2**) .... che hanno detto no ai figli. Non solo: potendo contare su un doppio stipendio, possono permettersi uno stile di (**3**) .... elevato.

Una piccola percentuale della popolazione? Secondo le ultime rilevazioni LE COPPIE SENZA FIGLI IN ITALIA SONO CIRCA 4 MILIONI (il 26,5%)... e sono destinate ad (**4**) .... In Europa coppie senza figli sono oltre 32 milioni.

L'identikit dei "dinks": persone con un titolo di studio elevato, di età tra i 25 e i 40 anni, abitano principalmente nel Nord, Nord-Ovest.

Come vivono i "dinks"? Amano concedersi mille piccoli (**5**) ....: la cena a due, cinema, teatro, week-end nelle capitali culturali d'Europa.

1. A frase	B parola	C numero
2. A donne	B nonni	C coppie
3. A lavoro	B vita	C riposo
4. A diminuire	B sparire	C aumentare
5. A piaceri	B doveri	C impegni

ATTIVITÀ

3 Verifica adesso la tua comprensione del precedente articolo scegliendo l'affermazione esatta.

1. I "dinks" non hanno figli perché:
   - [ ] non possono averne
   - [ ] non vogliono averne

2. Nella coppia "dink":
   - [ ] lavorano entrambi
   - [ ] lavora soltanto il marito

3. In futuro ci saranno:
   - [ ] meno "dinks"
   - [ ] più "dinks"

4. Il fenomeno è:
   - [ ] italiano
   - [ ] europeo

5. I "dinks" amano:
   - [ ] divertirsi
   - [ ] stare a casa

CAPITOLO 5

La libertà

Ho cercato di capire fin dal nostro primo incontro. Ci siamo seduti su una panchina:[1]
"Questa è la mia panchina preferita" mi ha detto.
"Cosa significa tutto questo, Bruno?" ho chiesto io.
"Adesso ti racconto... dall'inizio. Nel 1989, ormai sette anni fa, ho scoperto che mia moglie non mi amava e che aveva un altro uomo."
"Ho parlato con tua moglie. Lei ha detto che tu non l'amavi più."
"Ma, non lo so... L'amavo... non l'amavo... Sì, forse hai ragione: non l'amavo più. In effetti quando ho scoperto che

1. **panchina** :

Libertà

mi tradiva, [1] non ci sono stato male. [2] Insomma non m'importava [3] così tanto di lei. Mi sono detto:
– Ho sempre il lavoro. È un bel lavoro."

"Sì, tu hai sempre amato il tuo lavoro..." ho aggiunto io.

"Bugie [4]... bugie... Non avevo mai osato confessarlo [5] nemmeno a me stesso, ma anche il mio lavoro non mi interessava più, da tempo ormai. Lo trovavo monotono, noioso. Ero una macchina per far soldi. E poi soffrivo a rimanere per così lungo tempo chiuso in un ufficio. Sai... a volte rimanevo lì anche per 12-14 ore..."

"È quello che chiamano far carriera, aver successo..."

"E già... ma io ero stanco. Ho cercato una via di uscita: far soldi senza dover lavorare. Ho cominciato a giocare. Speravo di vincere così tanto da scappare, [6] andare via e non dovere lavorare più. In tre mesi avevo perso un'enorme [7] somma di denaro."

"200 mila euro!"

"No, di più, molto di più... Avevo dei debiti con dei criminali."

"Ma perché non mi hai detto niente?"

1. **tradire** : avere una relazione sentimentale con un altro uomo/donna.
2. **starci male** : soffrire.
3. **importare** : interessare.
4. **bugia** : contrario di verità.
5. **confessare** : dire apertamente, ammettere.
6. **scappare** : fuggire.
7. **enorme** : molto grande.

La libertà

"Non capivo io stesso cosa mi stesse succedendo... e... forse non avevo il coraggio..."

"Ho sempre pensato che fossimo amici."

"Sì, per me sei sempre stato un amico e per questo ti ho scritto quella lettera."

"Già, la lettera sul tuo cadavere..." ho detto io ironico.

"Sai cosa è successo? Un pomeriggio non sono tornato in ufficio. Dopo il pranzo con te ho camminato qui lungo l'Arno e ho visto i barboni. Ho pensato:

– Forse è questa la soluzione.

Non volevo lasciare la mia città. Io amo Firenze. Ecco – mi sono detto – posso restare qui senza lavorare come questi altri. Di notte ho dormito fuori. Quella notte e altre notti. Ho pensato a te e mi sono detto:

– Gli scrivo una lettera. È l'unico che si preoccuperà di me. Ho cominciato a scriverla, ma poi è venuto buio ed ero stanco. Ho messo la lettera nel portasigari. Faceva molto caldo. Ho tolto la giacca. Mentre dormivo qualcuno me l'ha rubata. Forse un altro barbone, che poi è affogato. Ho letto sul giornale del mio funerale."

"Ma come vivi? Riesci a mangiare?"

"Oh, sì. A Firenze ci sono tanti turisti. Faccio ritratti,[1] dipingo per terra."

---

1. **ritratto** : dipinto di persona.

LIBERTÀ

"Sai dipingere? Non sapevo che avessi questo talento." [1]

"Ho sempre voluto dipingere, ma non ne ho mai avuto il tempo... lo sai meglio di me: lo studio, il lavoro, la moglie, la casa..."

"E bevi..." ho indicato la bottiglia di vino.

"No... questo fa parte della mascherata. [2] In realtà non bevo nessun tipo di alcool."

"Ma non ti manca...?"

1. **talento** : capacità.
2. **mascherata** : (qui) finzione.

La libertà

"Sì, qualcosa mi manca. Mi manca una famiglia, un tetto sopra la testa, ma non mia moglie né il mio lavoro."

"Così, insomma ti senti libero."

"Forse... per ognuno la libertà è qualcosa di diverso. Forse per me è questo."

Così, da tre mesi ogni mezzogiorno vado a pranzo con Bruno alla sua panchina. Quando fa freddo o piove andiamo invece in un piccolo bar che lui conosce bene, frequentato da poveri artisti e da barboni, dove fanno delle bruschette [1] eccezionali. [2] Solo quando ha soldi – non vuole mai che gli paghi niente – mangiamo un piatto di pasta nei nostri vecchi ristoranti. La gente ci guarda stupita: io in giacca e cravatta e lui con quegli stracci. [3] Ma mi piace parlare con lui, forse ancora più adesso che allora.

Mia figlia – ormai diciannovenne in procinto di iscriversi alla Facoltà di Economia e Commercio – mi ha visto con lui un pomeriggio agli Uffizi. La sera stessa mi ha chiesto:

"Ma con chi eri ieri pomeriggio, papà?"

"Con un amico." ho risposto io. E adesso lo posso dire con sicurezza: un vero amico!

"Sembrava un barbone..."

"È un barbone!" ho detto io.

---

1. **bruschetta** : vedi pag. 61.
2. **eccezionale** : buonissimo, ottimo.
3. **straccio** : (qui) vestito strappato, logoro.

Libertà

"Ma... come fai a conoscere un barbone?"

"Per caso."

Elisa ha scosso la testa e ha detto una frase che ripete spesso negli ultimi tempi:

"Questi adulti... e poi dicono di noi giovani."

Mia moglie, che è stata fedele al suo giuramento [1] e non ha detto niente a nessuno, qualche volta mi dà dei panini o delle bibite per Bruno e dice:

"Povero Bruno... quando ci penso... mi viene da piangere. Così solo, senza niente e nessuno..."

È dunque così "povero" Bruno, come pensa mia moglie?

Io ho una famiglia, una moglie che amo, tre figli, un lavoro, tanti diritti [2] e doveri. [3]

E la libertà?

O forse per me è questa la libertà?

---

1. **essere fedele al giuramento** : mantenere la promessa.
2. **diritto** : ciò che si può fare.
3. **dovere** : ciò che si deve fare.

Comprensione

1 Fonetica

Ascolta attentamente le seguenti parole e quando necessario aggiungi l'accento.

Esercizio: la→ là

1. cosi   2. di piu   3. qui   4. citta   5. tre
6. alcool   7. lui fa   8. universita   9. ma   10. liberta

2 In Toscana non ci sono soltanto città e musei, ma anche bellissime aree naturali e paesaggi. Ascolta Bruno che racconta dei suoi "viaggi" in terra toscana. Numera le foto delle località e scrivi cosa dice Bruno di ognuna.

a

b

----

d

c

----

e

ATTIVITÀ

Competenze linguistiche

1 Completa il testo con la parola opportuna fra le tre sottoelencate.

Parte I

La moglie del narratore (**1**) .... in ufficio e non lo (**2**) ....
Vuole festeggiare con lui il loro anniversario. La segretaria le (**3**)
.... che il marito (**4**) .... e nessuno lo (**5**) .... più fino alle
tre del pomeriggio. Non (**6**) .... nei soliti ristoranti. Il marito
(**7**) .... forse una relazione?

1.	A va	B pensa	C dice
2.	A cerca	B vede	C trova
3.	A dice	B crede	C manifesta
4.	A entra	B mangia	C esce
5.	A sente	B vede	C cerca
6.	A dorme	B va	C ferma
7.	A vive	B immagina	C ha

Parte II

Il narratore racconta che:

(**1**) .... un barbone al Campanile di Giotto.
Il narratore lo (**2**) .... Il barbone è andato via. Quando si è
fermato, il narratore gli (**3**) .... Era Bruno. Bruno gli (**4**)
.... la sua storia.

1.	A ha sentito	B ha visto	C ha parlato
2.	A ha chiamato	B ha raccontato	C ha chiesto
3.	A ha chiamato	B ha notato	C ha parlato
4.	A ha raccontato	B ha dichiarato	C ha taciuto

Grammatica

CELI 2

1 Completa le seguenti frasi utilizzando le preposizioni semplici *in / da / per*, articolate o gli articoli.

1. Fin .... nostro primo incontro ho cercato di capire.
2. .... tempo il mio lavoro non m'interessava più.
3. Sono rimasto lì .... molte ore.
4. .... qualche mese avevo perso molto denaro.
5. .... notte dormivo e qualcuno mi ha rubato la giacca.
6. .... tre mesi vado a pranzo con Bruno.

Documenti

Civiltà

1 L'Italia
Fabrizio e Bruno mangiano la bruschetta in un bar o un piatto di pasta in un ristorante. Conosci le seguenti verità e falsità riguardo alla pasta?

1. *Più è gialla più è buona.*
   Falso. Sembra più genuina. Ma il colore può dipendere da un trattamento.

2. *Ben cotta è più facile da digerire.*
   Falso. Non deve essere né troppo cruda né troppo cotta.

ATTIVITÀ

3. *Ingrassa.*

Vero e falso. Dipende da quanta se ne mangia e da come è condita. Una porzione di 100 grammi = 350 calorie. Sughi con panna o burro e formaggi e olio devono essere limitati. La soluzione meno calorica è il sugo di pomodoro o di verdure.

4. *Può essere un piatto unico.*

Vero. Con verdure e magari del grana (formaggio).

2 **La bruschetta è una specialità toscana. La conosci? È molto semplice da fare. Questa è la ricetta, ma... in disordine. Riesci a ricostruirla?**

a. ☐ Tagliate a pezzetti 8 pomodori, metteteli in una terrina con 50 grammi di olive nere snocciolate e due cipollotti tagliati ad anelli.

b. ☐ Aggiungete 4 cucchiai di olio, sale, pepe.

c. ☐ Mischiate o mettete il composto sulle fette di pane.

d. ☐ Strofinatele con uno spicchio di aglio e spruzzatele con un filo di vino bianco.

e. ☐ Tagliate a metà 4 grosse fette di pane toscano.

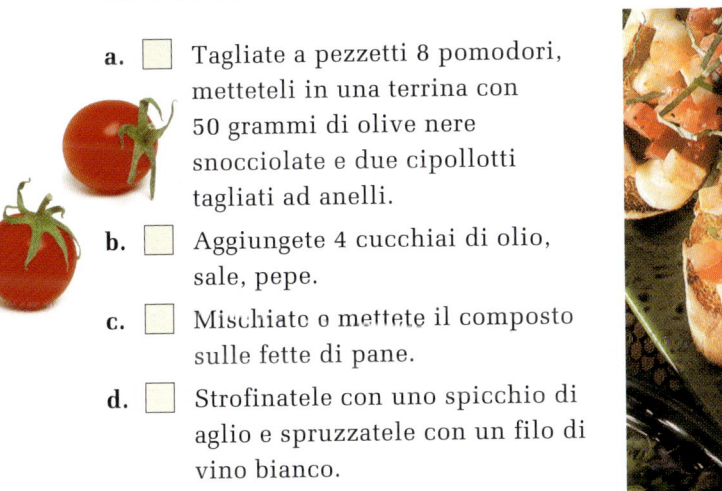

ATTIVITÀ

3 Il cibo

1. Vai spesso al ristorante? Quale tipo di ristorante preferisci?
   a. ☐ elegante
   b. ☐ rustico
   c. ☐ pizzeria
   d. ☐ ristorante straniero
   e. ☐ fast food

2. Quale cibo preferisci al ristorante?
   a. ☐ straniero
   b. ☐ nazionale
   c. ☐ nouvelle cuisine
   d. ☐ specialità regionali

3. C'è un piatto che ami particolarmente? Quale? Sei capace di cucinarlo da solo?

4. Quale ristorante straniero è più popolare nel tuo paese? Perché secondo te?

5. Conosci la cucina italiana? Quale prodotto o piatto ti piace particolarmente?

Produzione scritta

1 I barboni

Ci sono molti barboni nelle città italiane e in genere nelle città europee.
Secondo te, molti sono come Bruno?
Chi sono i barboni? Stranieri, gente infelice nella vita normale, alcolizzati.
Capisci la scelta di Bruno? Pensi che sia una possibilità di vita?

....
....
....

ATTIVITÀ

2 Hai deciso di voler provare, per una volta nella tua vita, a fare il barbone. Prima di intraprendere questa "strana avventura" scrivi una lettera al tuo migliore amico.

Nella lettera
- descrivi cosa stai per cominciare e per quanto tempo
- spieghi le ragioni di questa tua scelta
- spieghi quali sono i vantaggi e gli svantaggi di questo tipo di vita

(90 - 100 parole)

....
....
....
....
....
....
....
....
....

3 La libertà

La società ci obbliga ad accettare le sue regole. Nel corso dell'ultimo capitolo del romanzo ti sei trovato di fronte a due definizioni di libertà.
Cerca di dire in che cosa consiste per te la libertà.

....
....
....
....

Soluzioni dei giochi

Pagina 38
1. *Musei Vaticani*, tre milioni di persone all'anno.
2. *Gli scavi di Pompei*, quasi due milioni.
3. *Gli Uffizi*, un milione e mezzo.
4. *La reggia di Caserta*, un milione.
5. *Il Foro romano e il Palatino*, quasi un milione.

Pagina 39
1. a   2. a   3. c
4. c   5. a   6. c
7. b   8. a   9. c

Pagina 39
La città più alta d'Italia è ENNA; il monte più alto è il MONTE BIANCO; si parla tedesco anche in TRENTINO ALTO ADIGE e francese in VALLE D'AOSTA.

Pagina 46
agosto / dicembre / aprile / marzo / settembre / maggio / giugno / febbraio / gennaio